Dinâmicas para encontros de grupo

Dados Internacionais de Catalogação na Publicação (CIP)
(Câmara Brasileira do Livro, SP, Brasil)

Berkenbrock, Volney J.
 Dinâmicas para encontros de grupo : para apresentação, intervalo, autoconhecimento... / Volney J. Berkenbrock ; ilustração :Emerson Souza. 13. ed. – Petrópolis,RJ :Vozes, 2015.

 5ª reimpressão, 2024.

 ISBN 978-85-326-2916-6

 1. Dinâmica de grupo 2. Diversões 3. Jogos em grupo
I. Souza, Emerson. II Título.

Índices para catálogo sistemático:
1. Brincadeiras em grupo : Atividades recreacionais   790.15
2. Diversões em grupo : Atividades recreacionais   790.15
3. Jogos em grupo : Atividades recreacionais   790.15

Volney J. Berkenbrock

Dinâmicas para encontros de grupo

Para apresentação, intervalo, autoconhecimento e conhecimento mútuo, amigo oculto, despertar, avaliação e encerramento

Ilustração
Emerson Souza

EDITORA VOZES

Petrópolis

© 2003, Editora Vozes Ltda.
Rua Frei Luís, 100
25689-900 Petrópolis, RJ
www.vozes.com.br
Brasil

Todos os direitos reservados. Nenhuma parte desta obra poderá ser reproduzida ou transmitida por qualquer forma e/ou quaisquer meios (eletrônico ou mecânico, incluindo fotocópia e gravação) ou arquivada em qualquer sistema ou banco de dados sem permissão escrita da editora.

CONSELHO EDITORIAL

Diretor
Volney J. Berkenbrock

Editores
Aline dos Santos Carneiro
Edrian Josué Pasini
Marilac Loraine Oleniki
Welder Lancieri Marchini

Conselheiros
Elói Dionísio Piva
Francisco Morás
Gilberto Gonçalves Garcia
Ludovico Garmus
Teobaldo Heidemann

Secretário executivo
Leonardo A.R.T. dos Santos

PRODUÇÃO EDITORIAL

Aline L.R. de Barros
Marcelo Telles
Mirela de Oliveira
Otaviano M. Cunha
Rafael de Oliveira
Samuel Rezende
Vanessa Luz
Verônica M. Guedes

Conselho de projetos editoriais
Isabelle Theodora R.S. Martins
Luísa Ramos M. Lorenzi
Natália França
Priscilla A.F. Alves

Editoração e org. literária: Augusto Ângelo Zanatta
Capa/ilustração: Emerson Souza
Capa/arte-finalização: Editora Vozes

ISBN 978-85-326-2916-6

Este livro foi composto e impresso pela Editora Vozes Ltda.

Dedicatória

A quem sabe fazer de sua vida
um presente para os outros.

Sumário

Introdução, 11

I. Dinâmicas de apresentação, 15

  1. Apresentando o vizinho, 19

  2. Recebi um presente, 21

  3. Sou fulano e gosto de, 23

  4. Balão com o nome dos participantes, 26

  5. Passando a bola, 29

  6. Quem me chama a atenção, 32

  7. Fazer um crachá, 35

  8. Provérbio pela metade, 38

  9. Grupos com crachás diferenciados, 40

II. Dinâmicas de intervalo, 43

  1. Debaixo da saia da Joana, 45

  2. Resultado de futebol, 47

  3. Mexendo o corpo, 49

  4. Para a viagem, 52

  5. Viagem pelo tempo: passado, presente e futuro, 54

6. Nó humano, 56

7. Boneco maluco: prova de confiança, 58

8. Em sintonia, 60

III. Dinâmicas de autoconhecimento e conhecimento
mútuo, 63

1. Ao lado de quem eu colocaria, 67

2. Com que animal se parece, 71

3. Esta pessoa eu posso imaginar como meu..., 75

4. Desenhar na cartolina, 78

5. Os outros me conhecem?, 81

6. Fazendo o seu brasão, 84

7. História e seus personagens, 87

IV. Dinâmicas de amigo oculto, 91

1. Forma tradicional, 93

2. Adivinhando características, 96

3. Formando uma frase, 99

4. Completando a frase, 102

5. Quem mandou a mensagem?, 105

6. Invertendo os papéis, 108

V. Dinâmicas para despertar, 111

1. Passando uma boneca de mão em mão, 113

2. O coral dos animais, 115

3. Formulando conceitos, 118

4. Centopeia perneta, 121

VI. Dinâmicas de avaliação e encerramento, 125

1. Objetos que falam, 129

2. Bilhete com endereço e um desejo, 131

3. Carta de bons propósitos, 134

4. Em três palavras, 137

5. Se eu fosse..., 139

6. Avaliação sanfona, 142

7. Que bom, que pena, que tal, 146

INTRODUÇÃO

EM TODO INÍCIO de encontro, curso, treinamento ou reunião no qual os participantes não se conhecem todos entre si, acontece um ritual: o ritual da apresentação. Terminado este, que tinha como objetivo fazer com que as pessoas conhecessem algo de cada um, pouco ou nada se gravou sobre apresentação de cada pessoa. Da mesma maneira, no final do encontro, há, via de regra, o ritual da avaliação, onde se diz o que foi bom, o que não funcionou e o que poderia ter sido feito diferente. Estes momentos são necessários e até imprescindíveis. Mas talvez exatamente por isso eles acabam sendo por vezes monótonos, para não dizer chatos. Sua monotonia não vem, no entanto, de seu conteúdo (apresentação ou avaliação), mas muito mais da forma como isto é feito. Tanto uma apresentação dos participantes de um encontro, como a avaliação, podem ser feitas de maneira criativa, alegre, descontraída, possibilitando que as pessoas digam o mesmo sobre si ou sobre o encontro, mas de uma forma tal que este momento não se torne monótono.

Esta foi a intenção inicial da coletânea de dinâmicas aqui apresentada: recolher maneiras diferentes de se fazer a apresentação das pessoas no início de um encontro, bem como oferecer ideias diversas de como se fazer uma avaliação ou encerramento de forma mais atrativa e proveitosa. A esta ideia inicial juntaram-se dinâmicas para outras ocasiões grupais:

a) Dinâmicas para intervalo de encontro/curso/treinamento – Durante um encontro ou curso há momentos de cansaço, momentos de tensões. Os intervalos dos encontros servem para contrabalançar esta situação. O intervalo não precisa ser simplesmente um momento de "pausa". Ele pode também servir para mudar a atmosfera do encontro. Com alguma dinâmica – jocosa por vezes – pode-se mudar situações de tensão e recolocar os participantes novamente numa atitude receptiva e positiva. Há nesta coletânea diversas sugestões para estes momentos;

b) Dinâmicas de autoconhecimento ou de conhecimento mútuo – Um encontro, do qual participam pessoas que já se conhecem melhor entre si, pode ser a ocasião propícia para que cada qual conheça melhor a si mesmo e qual imagem transmite ao grupo. É muito importante que cada qual tenha uma certa clareza de como é visto pelo grupo e como os outros se veem. Não é fácil, porém, iniciar uma conversa sobre qual a imagem que eu transmito para o grupo. Com a ajuda de alguma dinâmica talvez se consiga fazer isto de maneira mais adequada. Diversas são as sugestões aqui colocadas;

c) Dinâmicas de amigo oculto – A brincadeira de amigo oculto é muito comum seja em encontros, seja nas repartições de trabalho, na escola, nas comunidades, nos grupos de jovens, grupos de casais ou de terceira idade.

Sendo esta brincadeira largamente utilizada, são oferecidas aqui sugestões de maneiras diferentes para se organizar um amigo oculto;

d) Dinâmicas para despertar – As dinâmicas sugeridas neste bloco podem ser utilizadas em diversas ocasiões ou situações. A ideia que está por detrás é "despertar" o grupo em momentos de sonolência, de distração, de dispersão. Com uma pequena dinâmica é possível tirar cada qual de sua pequena apatia e voltar novamente as atenções para o que se pretende.

A grande maioria das dinâmicas aqui colocadas foram recolhidas através da experiência de participação em encontros ou cursos. São, por isso, técnicas já devidamente testadas. Outras foram aqui inventadas. O importante é ter claro o espírito destas dinâmicas: elas querem ser um instrumento, uma ajuda para fazer certos momentos acontecerem de maneira mais feliz.

As ilustrações agregadas às dinâmicas têm dois objetivos: por um lado, mostrar de maneira visual o que o texto talvez não consiga transmitir com clareza. Por outro lado, o estilo das ilustrações – traços leves e alegres – quer transmitir um espírito que deve estar presente ao se aplicar uma dinâmica: alegria, leveza, descontração. Mas não se pode esquecer: o importante é o acontecimento das vivências, isto é, da apresentação, do amigo oculto, da avaliação etc. e não tanto a dinâmica. Ela é apenas uma ajuda. Por isso mesmo, deve-se ter a liberdade de modificar ao bel-prazer as sugestões aqui apresentadas.

Volney J. Berkenbrock
Emerson Souza

I

DINÂMICAS DE APRESENTAÇÃO

AO SE INICIAR um encontro, um curso, um treinamento, uma reunião onde os membros não se conhecem todos entre si, é costume e de bom alvitre que os participantes se apresentem. Esta apresentação é geralmente coordenada por quem está à frente da organização. A apresentação tem como objetivo criar um pequeno entrosamento inicial, fazer com que os participantes saibam mutuamente os nomes e alguns dados a mais. Assim é comum que o roteiro de apresentação se limite a "nome", "de onde vem", "quanto tempo está na empresa (no grupo, na organização...)" e/ou sua "expectativa (para o curso, o encontro...)". Terminada a rodada de apresentações, constata-se que poucos conseguiram gravar os nomes dos colegas e muito menos os outros dados.

As dinâmicas de apresentações aqui sugeridas têm como objetivo conseguir a mesma coisa: que se saiba mutuamente os nomes e alguns dados básicos sobre os outros participantes, mas de maneira tal que possa ser mais facilmente gravado na memória. Além disso, através de uma dinâmica acontece já um primeiro entrosamento entre os participantes. A escolha da dinâmica deve ficar por conta de quem está organizando o encontro e deve ser previamente preparada. Esta preparação prévia é importante para se evitar improvisações que podem dar logo no início do encontro a sensação de que este foi mal preparado. As dinâmicas aqui sugeridas são de durações diferentes. A coordenação deve fazer a escolha segundo o tempo disponível e o desejo que provocar já no início do encontro uma maior ou menor interação entre os participantes.

1
Apresentando o vizinho

ESTA DINÂMICA É indicada para as ocasiões onde a grande maioria dos participantes não se conhece entre si e gera uma primeira interação entre as pessoas. As cadeiras devem ser colocadas em um grande círculo, onde todos possam se ver mutuamente. Os participantes são convidados a sentar. Quando todos já tiverem se acomodado, inicia-se a dinâmica, composta de dois momentos. Num primeiro momento são compostos pares de participantes de um modo muito simples: pares de vizinhos de cadeiras. Se o número de participantes for ímpar, o coordenador forma o par com quem ficou só; se o número de participantes for par, o coordenador fica de fora. Os pares terão cinco minutos para se conhecerem mutuamente. Fica a critério da criatividade de cada um apresentar-se ao seu par ou perguntar o que deseja saber dele. Terminado o momento de apresentação mútua, passa-se para o segundo momento. Neste segundo momento, cada qual deverá apresentar ao grupo o seu par, dizendo as informações que colheu (sem esquecer de dizer o nome!).

Observação: fica a critério da coordenação sugerir pelo menos algumas coisas básicas a serem apresentadas. Isto conforme o objetivo do encontro que está se iniciando. Quando acontecer o caso de alguns participantes já se conhecerem entre si, também fica a critério da coordenação zelar para que formem pares com pessoas desconhecidas, possibilitando assim uma maior interação.

2
Recebi um presente

TRATA-SE DE uma dinâmica rápida e que tem como objetivo principal fazer com que os participantes gravem mutuamente os nomes. Prepara-se um pequeno pacote, embrulhado como se fosse um presente. Os participantes são dispostos de pé, em círculo. A pessoa que está na coordenação saúda a todos e inicia a dinâmica, explicando que cada qual irá receber este presente e que deverá passar adiante para o seu vizinho, dizendo o nome das últimas cinco pessoas que repassaram o presente. Para isto deverá ser usada a seguinte frase: "Este presente, eu recebi de fulano, que recebeu de sicrano, que recebeu de... (sucessivamente até as cinco últimas pessoas). E estou passando este presente para..." Neste momento se deve passar o presente adiante (para o vizinho) e este deve dizer em voz alta o seu nome. Ao receber o presente, deve dar continuidade à apresentação dizendo: "Este presente, eu recebi de fulano..." Quem está na coordenação deve iniciar dizendo o seu nome, acrescentando "vou passar este presente para..." e a primeira pessoa diz o seu nome, recebendo o presente. Esta irá passar o presente adiante, dizendo o nome de quem recebeu. Desta maneira, as primeiras cinco pessoas a receberem o "presente" irão dizer menos que cinco nomes, pois menos de cinco pessoas se apresentaram. Depois disso, cada qual deverá dizer o nome das últimas cinco pessoas que repassaram o presente (ou mais nomes, dependendo de quem coordena).

Material
- Embrulho de presente

Disposição

3
Sou fulano e gosto de...

Obs.: O peixe e o hambúrger não fazem parte da brincadeira.

Material
- Não há

O OBJETIVO desta dinâmica é fazer, por um lado, com que os participantes gravem os nomes das outras pessoas do grupo e, por outro lado, se apresentem de uma maneira descontraída. Os participantes são convidados a ficar de pé, formando um círculo. O coordenador explica a dinâmica, dizendo que cada participante se apresentará, falando seu nome, revelando algo de que goste e fazendo um gesto com o corpo que imite aquilo do que gosta. Assim, alguém pode, por exemplo, dizer: "Eu sou João e gosto de dançar", e faz o gesto com o corpo imitando um passo de dança. Cada um, porém, antes de dizer seu próprio nome e do que gosta, terá que dizer sempre o nome de todos os que já se apresentaram anteriormente e repetir o que gostam, com o respectivo gesto. Cada qual, portanto, que vai se apresentando terá que guardar um nome a mais, com aquilo que a pessoa gosta e o gesto correspondente. Quando alguém não se lembrar do nome e daquilo que a pessoa gosta (com o respectivo gesto), o grupo pode em coro ajudar, dizendo o nome e fazendo o gesto. Desta maneira todos irão gravar os nomes dos participantes sem dificuldade.

Observação: se o grupo for muito grande, a rodada de apresentação irá tomar bastante tempo. A pessoa que está na coordenação pode, nestas ocasiões, colocar um limite, no sentido de que cada qual terá que repetir apenas os nomes e os gestos das últimas dez pessoas (ou outro número de pessoas, conforme a ocasião).

4
Balão com o nome dos participantes

PARA ESTA DINÂMICA de apresentação é necessário que a coordenação tenha previamente a lista dos nomes de quem vai participar do encontro (curso, treinamento...) e se tenha à mão balões de ar (primeiramente vazios). Antes do início da apresentação, é necessária a seguinte preparação: devem ser recortados bilhetes contendo cada um o nome de um dos participantes. É de grande importância que não haja falha no sentido de que o nome de alguém seja esquecido. O nome da pessoa (ou pessoas) da coordenação também deverá ser incluído. Depois de se ter os bilhetes com os nomes, pega-se os balões e se coloca um nome em cada balão, enchendo depois disso o balão (não se deve encher muito para não correr o risco do balão estourar antes da hora). Estes balões com os nomes devem ser levados para a sala na hora da apresentação e colocados no centro da roda. Quem está na coordenação deverá saudar os participantes (que podem estar sentados ou de pé em forma de círculo) e convidar todos a um desafio conjunto: manter no ar todos os balões. Os participantes deverão, pois, em conjunto, tocar nos balões de modo que fiquem todos no ar. Quando todos os balões estiverem flutuando por um ou dois minutos, a coordenação deverá dar um comando para que cada um pegue um balão. Quando cada participante já estiver com o seu balão, a coordenação deverá explicar que dentro de cada balão há um bilhete com o nome de um participante. Cada qual deverá estourar o balão, pegar o bilhete e procurar a pessoa com este nome. Encontrando esta pessoa, terá que

Material
☑ Balões
☑ Bilhetes

fazer algumas perguntas a ela para depois poder apresentá-la ao grupo. Dá-se, então, um tempo (ca. de 5 minutos) para que cada um ache a respectiva pessoa e colete os dados para a apresentação. Quando todos já tiverem feito isto, os participantes são convidados a sentar em círculo. Quem está na coordenação deverá dar início apresentando a pessoa cujo nome estava no bilhete que pegou. A pessoa apresentada deverá continuar a rodada, apresentando quem estava no seu bilhete e assim sucessivamente até todos terem se apresentado. Quando uma pessoa que for apresentada já tiver ela mesma apresentado alguém, a rodada de apresentação continua com a primeira pessoa à sua direita que ainda não tiver apresentado o nome que estava no seu bilhete. Se ocorrer, por acaso, que alguém pegue o bilhete com seu próprio nome, deverá apresentar-se a si mesmo para o grupo.

5
Passando a bola

ESTA DINÂMICA tem como objetivo promover a apresentação dos participantes repassando aos demais alguns dados mínimos, mas de uma maneira descontraída e em forma de jogo. Ela não é indicada para um grupo muito grande de participantes. O ideal é que não ultrapasse 20 pessoas. Antes do início da dinâmica, a coordenação deve providenciar uma pequena bola (bola esta que pode ser improvisada com pano ou papel). Os participantes são convidados a ficarem em pé formando um círculo. A bola é passada aleatoriamente a um dos participantes. Este deverá dizer seu nome, de onde vem, seu apelido e *hobby* (ou outros dados, conforme o interesse da ocasião; a coordenação deverá definir isto). Após ter falado estes dados em voz alta de modo que todos possam ter ouvido, esta pessoa deverá jogar a bola a uma outra pessoa qualquer do grupo. Quem recebe a bola deve, por sua vez, dizer também seu nome, de onde vem, seu apelido e *hobby* (ou os outros dados combinados). Terminada a apresentação, deverá jogar a bola adiante. Sempre quem pega a bola deve se apresentar. Mas, atenção: se a pessoa para quem for jogada a bola deixar esta cair no chão, deverá apanhar a bola e antes de se apresentar deverá repetir os dados das últimas duas pessoas que se apresentaram. Após ter dito isto, irá então apresentar-se e jogar a bola adiante. No caso de alguém jogar a bola para uma pessoa que já se apresentou,

terá de repetir os dados da última pessoa que se apresentou e os dados da pessoa para quem erroneamente jogou a bola (nesta repetição pode haver ajuda do grupo). Após a repetição, a pessoa que estiver com a bola (e, no caso, já tenha se apresentado) deverá jogar a bola adiante para que outra pessoa se apresente. A dinâmica termina quando todos já tiverem se apresentado.

6
Quem me chama a atenção

ESTA DINÂMICA demanda um pouco mais de tempo e tem como objetivo fazer com que os participantes, na dinâmica de apresentação, revelem um pouco mais sobre si mesmos e, ao mesmo tempo, interajam. Não é indicada para um grupo muito grande de pessoas. Os participantes são convidados a sentar-se, de preferência em círculo e em cadeiras com braço que permita escrever. Cada um recebe uma folha de papel. Supõe-se que cada qual tenha uma caneta (é prudente que a coordenação tenha canetas sobressalentes para que ninguém fique sem caneta). Cada um é convidado a escrever na folha de 6 a 8 coisas que julga caracterizar a si mesmo (pode ser seus interesses, seus gostos, coisas que detesta, sua formação, seu clube de futebol, algo que seja marcante para sua pessoa...). Esta descrição não precisa ser feita em forma de frases completas, mas, sim, com letras relativamente grandes e somente de um lado da folha. Ninguém deve, porém, escrever o nome na folha. Combina-se um tempo não muito longo para esta tarefa (tipo cinco minutos). Terminado o tempo, a pessoa da coordenação recolhe as folhas, as embaralha e distribui lado a lado sobre uma mesa, de modo que as pessoas ao circularem ao redor da mesa possam ler, sem muito esforço, o que está escrito nas folhas. Os participantes são então convidados a ir até a mesa e ler as descrições. Cada um dos participantes deve pegar uma folha com a

descrição que primeiro lhe chamar a atenção. Tendo pegado uma folha, o participante deve voltar para o seu lugar e esperar até que todos tenham pegado a sua folha. Quando todos tiverem já sua folha, cada um é convidado a achar o(a) autor(a) que fez a descrição e colher mais algumas informações (sobre o que está escrito, mas principalmente o nome da pessoa). Depois de todos terem se encontrado, o coordenador convida todos a tomarem seu lugar e cada qual apresenta ao grupo quem desejou conhecer, explica as coisas que aquela pessoa escreveu e por que quis conhecer esta pessoa.

7
Fazer um crachá

OS PARTICIPANTES são convidados a sentar-se. Cada um recebe um pedaço de papel recortado do tamanho a servir de crachá (e uma caneta, caso os participantes não tenham caneta). É preferível que seja um papel um pouco grosso (tipo cartolina). Os participantes são instruídos a preparar este pedaço de papel para ser um crachá, ou seja: a) fazer linhas onde será colocado o "nome", o "grupo" a que pertence, a procedência etc. (a coordenação deve definir o número de linhas a serem feitas, se for necessário); b) fazer bordas desenhadas no crachá; c) fazer algum tipo de desenho (conforme a criatividade pessoal, tipo uma pequena flor, uma casinha...). É importante salientar que o crachá apenas será preparado, ou seja, ninguém deve ainda colocar os dados pessoais. Terminada a preparação do crachá, estes são recolhidos, embaralhados e colocados sobre uma mesa. Todos são convidados a ir até a mesa, pegar um crachá e preencher com os dados pessoais. Tendo sido preenchido, cada qual deverá colocar o crachá em si mesmo (prendendo com um alfinete ou pregador, que deve ser providenciado pela coordenação). Quando todos já estiverem devidamente identificados com seus crachás, cada participante deverá procurar ver com quem ficou o crachá que ele preparou. Tendo encontrado esta pessoa, deverá colher alguns dados sobre ela (nome, grupo...). Quando todos já tiverem conhecido quem ficou com o cra-

chá que preparou, cada qual é convidado a apresentar a pessoa que ficou com o crachá que preparou. Esta apresentação poderá ser breve (dizendo apenas os dados básicos) ou, então, mais longa (dizendo algo mais sobre a pessoa). A coordenação deverá definir previamente como quer a apresentação.

8
Provérbio pela metade

PARA ESTA DINÂMICA é necessário que se prepare previamente tiras de papel, escrevendo-se em cada uma delas um provérbio ou uma frase bastante conhecida. Estas tiras de papel são cortadas ao meio, de modo que em cada um dos pedaços de papel fique uma parte do provérbio. Preparam-se tantos pedaços quantos forem os participantes. Estes pedaços de papel são dobrados e cada um dos participantes recebe um destes bilhetes na entrada na sala. Quando todos estiverem já reunidos, o coordenador explica que em cada pedaço de papel há uma parte de um provérbio. Cada um deve procurar a outra metade. Ao se acharem eles devem se apresentar mutuamente, dizendo os dados que forem convenientes para uma apresentação. Quando todas as duplas já tiverem se achado e conversado, todos são convidados a ficar em círculo (ou outra posição onde todos possam se ver mutuamente). As duplas não devem, porém, se separar. Uma após outra, as duplas devem ler em voz alta o provérbio que as uniu e um deve apresentar o outro ao grupo.

Material
- Tiras de papel com provérbios

Disposição
Livre

9
Grupos com crachás diferenciados

ESTA DINÂMICA é indicada para os cursos ou encontros durante os quais se pretende trabalhar com diversos grupos, sempre alternando-se a composição dos grupos. Conforme o número de grupos que se pretende formar, deverão ser preparados crachás com o número de cores correspondentes (usando-se, por exemplo, cartolina recortada). Ao mesmo tempo, coloca-se números nos crachás, também conforme o número de grupos que se pretende formar, mas alternando-se as cores, de modo que os grupos dos números (por exemplo, de 1 a 5) não coincidam com os das cores. Assim pode-se também desenhar pequenas figuras geométricas em algum canto do crachá, formando outra combinação de grupos (triângulos, retângulos, quadrados, círculos...). Estes crachás, com as diversas combinações para formação de grupos sempre diferentes, deverão ser embaralhados e distribuídos aleatoriamente no início do encontro. Cada participante preenche o seu crachá, com os dados solicitados (nome, grupo...). No momento da apresentação, o coordenador pode solicitar que as pessoas se apresentem seguindo algum critério (por exemplo, o critério de cor: primeiro se apresentam todos os com crachá azul, depois os com crachá vermelho...). Durante o encontro ou curso, quando houver alguma atividade em grupo, o coordenador separa os grupos, sempre com um critério diferente: grupos por números, grupos por cores, grupos por figuras geométricas...

Material
✓ Crachás com marcações

Disposição
Livre

II

DINÂMICAS DE INTERVALO

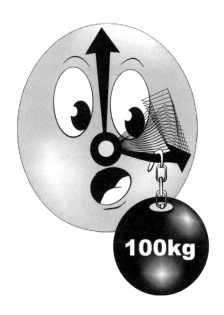

NOS CURSOS ou encontros que duram apenas alguns dias é comum que se trabalhe de forma intensiva, isto é, com geralmente duas sessões pela manhã e duas pela tarde. Isto pode levar os participantes a um cansaço que compromete o aproveitamento. As "dinâmicas de intervalo" são pensadas como atividades curtas que podem tanto "despertar" o grupo para uma próxima sessão de trabalho, marcar a passagem de uma atividade para uma outra de forma descontraída ou levar o grupo a ficar "desperto" durante uma sessão de trabalho mais longa que possa estar gerando desatenção. A pessoa que estiver na coordenação das atividades deverá ter a sensibilidade para programar as dinâmicas nos momentos certos de modo a, por um lado, não desviar a atenção dos conteúdos que estão sendo trabalhados e, por outro lado, conseguir uma descontração saudável à atenção.

1
Debaixo da saia da Joana

ESTA ATIVIDADE é dividida em duas partes. A primeira parte consiste no seguinte: no início de uma sessão, o coordenador deve pedir que cada participante diga em voz alta uma frase que lhe pareça bonita, importante ou que tenha uma boa mensagem. A frase pode ser de autoria própria, de autor conhecido ou desconhecido. Não se deve explicar o porquê de se ter escolhido a frase. Deve-se apenas dizer a frase. Os participantes devem ser orientados a guardar (por escrito é melhor) a frase proferida. Ao final da sessão de trabalho (ou no início da próxima), os participantes são convidados a ficar de pé e retomar a frase dita no início. Cada qual deverá dizer novamente em voz alta a frase escolhida, acrescentando, porém, ao final a expressão "debaixo da saia da Joana". Conforme a frase escolhida, este acréscimo irá produzir significados divertidos.

Observação: No caso de haver no grupo uma pessoa de nome Joana, é preferível que o coordenador substitua este nome por outro parecido (como, por exemplo, Sebastiana ou Tiana), para evitar constrangimentos.

2
Resultado de futebol

ESTA DINÂMICA é recomendada sobretudo para o reinício de uma atividade, quando o grupo estiver disperso. Os participantes são convidados a ficar de pé, formando um círculo. Cada participante recebe um número, em ordem crescente (tanto faz com qual pessoa se inicia a contagem, mas esta deverá ser sequencial). O animador começa a brincadeira dizendo algum resultado de futebol, tipo "o Palmeiras ganhou do Santos de 3 a 2". A pessoa que tem o segundo número dito (no caso "2") deverá retrucar afirmando algum outro placar, como, por exemplo: "Mas o Santos ganhou do Fluminense por 10 a 9". Quem tem o número "9" deve continuar a brincadeira. Quem cochilar, ou seja, não retrucar quando o seu número for dito, ou, então, disser um número não existente, deverá ir sentar. Quando alguém é eliminado por cochilar ou dizer um número não existente, todos os participantes que têm um número maior correm um número para a frente. Assim, por exemplo, se o participante que tinha o número "5" for eliminado, quem tinha o número "6" passa agora a ter o número "5", quem tinha o "7" vira "6" e assim até o último número. Quem tem o número mais alto deve dar continuidade na brincadeira quando alguém é eliminado. A brincadeira termina quando restarem apenas 3 ou 4 pessoas e todos já estiverem despertos para se reiniciar as atividades.

3
Mexendo o corpo

Esta DINÂMICA é recomendada para o final de alguma atividade que exigiu grande concentração, especialmente quando isto levou o grupo a um cansaço mental. A dinâmica pode ser feita antes da pausa ou – o que é mais recomendável – antes do início de um novo bloco de atividades. Em casos especiais, onde as atividades de concentração mental demandarem um tempo longo, esta dinâmica também pode ser feita no meio da atividade, como forma de despertar o grupo. A dinâmica consiste simplesmente em fazer com que os participantes movimentem o corpo, mas sempre imitando alguma atividade. É interessante que os participantes sejam convidados a ficar de pé. Cada participante é convidado a dizer uma frase, com algo que algum parente trouxe de viagem. Deverá, porém, imitar o gesto do objeto trazido pelo parente. O coordenador deve indicar a ordem de fala das pessoas. Assim, por exemplo, quem inicia pode dizer: "Meu avô, quando veio da Europa, trouxe um machado" (faz o gesto, como se estivesse utilizando o machado). O seguinte continua, inventando alguma outra coisa como "Minha tia, quando veio da África, trouxe um chocalho" (e imita o gesto, como se estivesse tocando um chocalho). A dinâmica também pode ser iniciada com todos os participantes sentados e, à medida em que forem falando, devem se levantar. Todos os participantes devem dizer alguma coisa, sem repetir nenhum obje-

to. Cada qual, deverá, porém, continuar fazendo o gesto até que todos estejam se mexendo. Quando todos já tiverem dito alguma coisa, a dinâmica terá alcançado o objetivo de fazer com que todos despertem e movimentem o corpo.

4
Para a viagem

ESTA DINÂMICA tem como objetivo fazer despertar a atenção das pessoas, bem como a concentração e a memória. Não é recomendada para um grupo muito grande de pessoas (se o grupo for composto por mais de 20 pessoas, a dinâmica já se torna difícil de ser executada). Recomenda-se que seja aplicada na volta do intervalo, antes de se iniciarem as atividades. Os participantes são convidados a ficar de pé, formando dois grupos frente a frente ou, então, um círculo (ou semicírculo). A pessoa que está na coordenação inicia a dinâmica dizendo: "Para a viagem eu vou levar uma mala". A pessoa que estiver ao seu lado deverá continuar a dinâmica, acrescentando mais algum objeto para a viagem, mas sempre repetindo o que foi dito anteriormente. Assim a segunda pessoa poderá dizer: "Para a viagem, além da mala, eu vou levar um par de sapatos". A terceira pessoa continua, acrescentando mais alguma coisa: "Além da mala e do par de sapatos, eu vou levar um guarda-chuva para a viagem". Cada pessoa deverá sempre repetir os objetos anteriores e colocar no final mais um objeto. Quem esquecer algum objeto em sua fala é convidado a ir sentar (o grupo mesmo controla). No caso de alguém ter esquecido alguma coisa, a seguinte pessoa deve retomar a dinâmica no mesmo ponto e ir adiante. A dinâmica se encerra quando todos já tiverem falado. Todos são convidados a ir sentar e são iniciadas as atividades do encontro.

5
Viagem pelo tempo: passado, presente e futuro

ESTA DINÂMICA é recomendada para os grupos onde os participantes se conheçam minimamente entre si. O objetivo da dinâmica é fazer, por um lado, despertar a memória e, por outro, despertar a curiosidade dos participantes. É mais recomendável que a dinâmica seja realizada antes de liberar o grupo para a pausa e de preferência para as mais longas. Para o início do exercício, os participantes são convidados a ficarem numa posição que todos possam se ver mutuamente. Os participantes podem estar sentados ou de pé. O coordenador convida todos para uma viagem no tempo: no passado, no presente e no futuro. Cada um vai ter que dizer o que vê no seu passado, o que está vendo no seu presente e o que prevê para o futuro. Não devem ser, porém, contadas histórias, mas apenas ser apontados fatos, locais ou objetos. Estes devem ser ditos de tal modo que outras pessoas que conheçam estes fatos, locais ou objetos possam viajar também no tempo. A dinâmica fica mais interessante se as pessoas escolherem para dizer coisas que estejam relacionadas com outros participantes presentes e que sejam engraçadas. Um após outro os participantes são convidados a fazer, em voz alta, a sua viagem no tempo. Para caracterizar passado, presente ou futuro podem ser ditas mais de uma coisa, mas deve-se evitar que as pessoas sejam prolixas. Quando todos já tiverem falado, os participantes são liberados para a pausa e a viagem será certamente motivo de conversa na mesma.

Material
- Não há

Disposição

6
Nó humano

TRATA-SE AQUI de uma dinâmica apenas de descontração que pode ser feita antes ou depois do intervalo. Não é recomendada para grupos muito grandes. O ideal é para grupos de até 20 pessoas. Os participantes são convidados a caminhar juntos no centro da sala. Todos devem tentar caminhar de tal maneira que forme um grupo cada vez mais junto. Quando todos já estiverem bastante próximos uns dos outros, a coordenação pede que todos levantem os braços e tentem fazer um "bolo" de mãos no alto. Quando as mãos estiverem bastante juntas, cada mão deve segurar uma outra mão e não largar. Sem soltar as mãos, os participantes devem tentar ir se afastando para ver o que resultou: um círculo, dois círculos separados, um nó... É surpreendente as figuras que as correntes de mãos formam. O exercício pode ser repetido diversas vezes ao agrado do grupo.

7
Boneco maluco: prova de confiança

ESTA DINÂMICA pode ser feita durante o intervalo, como forma de descontração. Para início da dinâmica, forma-se uma pequena roda, com 7 a 8 pessoas. Uma pessoa é convidada a ficar no centro. Este vai fazer o papel de "boneco maluco". De olhos fechados, esta pessoa deve ficar com o corpo bem rígido, os braços retos junto ao corpo e cair para algum lado (como se fosse um poste reto!), sem mover os pés do lugar. As pessoas que estão daquele lado deverão "aparar" o boneco e impulsioná-lo para alguma outra direção. Assim, o boneco maluco será balançado de um lado para o outro. É uma prova de confiança e coragem deixar-se cair e arremessar de um lado para o outro sem medo! Quando o "boneco maluco" já tiver provado sua coragem, troca-se de pessoa. Se o grupo for grande o suficiente, podem ser organizadas diversas rodas de "boneco maluco".

8
Em sintonia

ESTA DINÂMICA deve ser feita preferencialmente no final do intervalo quando os participantes estão voltando para a sala ou o local de atividades. Preparam-se bilhetes de papel com letras de músicas bastante conhecidas (não precisa necessariamente ser a letra completa da música). Estes bilhetes devem ser duplos, isto é, sempre deve haver dois bilhetes com a mesma música. Ao entrar na sala, cada participante recebe um bilhete e deve ficar andando pela sala, cantarolando sua música até achar seu parceiro, isto é, a outra pessoa que estiver cantarolando a mesma música. Quando achar o parceiro, os dois podem parar de cantar e ir sentar-se. A dinâmica termina quando todos já tiverem entrado em sintonia com seu parceiro. Para que esta dinâmica funcione é necessário que se explique o procedimento antes do grupo se dispersar para a pausa. A dinâmica pode também ser iniciada quando todos já estiverem na sala. Neste caso, convida-se os participantes a ficarem de pé, explica-se a dinâmica e se distribuem os bilhetes com as músicas.

Material
- Bilhetes com um trecho de música

Disposição
Livre

III

DINÂMICAS DE AUTOCONHECIMENTO E CONHECIMENTO MÚTUO

COMO SOU EU? Sou aquilo que penso que sou ou sou aquilo que transmito ser aos outros ou sou aquilo que os outros acham que sou? Ou sou uma mistura das três coisas? Certamente nunca poderemos responder com precisão este questionamento. Mas com certeza existe alguma diferença entre aquilo que penso ser, aquilo que transmito aos outros pelo meu modo de portar-me e aquilo que os outros acham que sou. Talvez possa ser interessante tentar pelo menos captar aquilo que transmito ser aos outros e aquilo que os outros concluem que sou. As dinâmicas propostas a seguir estão em torno desta temática: o autoconhecimento (no sentido de conhecer que imagem cada um transmite ao grupo em que convive e que imagem o grupo tem de cada um de seus membros), tendo como objetivo que cada membro do grupo conheça-se melhor através daquilo que os outros percebem. Para que estas dinâmicas sejam aplicadas, são necessários dois pré-requisitos: a) que os participantes da dinâmica se conheçam mutuamente (este conhecimento pode ser de um tempo maior ou menor de convivência ou proximidade, mas é necessário que haja este conhecimento mútuo); b) que haja uma pessoa preparada para conduzir a dinâmica. Trabalhar com o autoconhecimento e sobretudo com a imagem que o grupo tem de cada um de seus membros pode ser um processo complexo, pois nem sempre a imagem que cada um tem de si mesmo coincide com a imagem que o grupo tem desta pessoa. A função desta pessoa mais preparada é justamente saber contornar as questões mais sensíveis e agir como facilitadora do processo.

1
Ao lado de quem eu colocaria

ESTA DINÂMICA tem como objetivo fazer com que o grupo conheça as suas relações internas, isto é, perceber quem o grupo sente mais próximo de quem, e quem é percebido mais longe de quem. Para a realização da dinâmica são necessários alguns materiais: um pedaço de cartolina (ou outro papel semelhante) para cada um dos participantes, canetas apropriadas para desenhos (p.ex., hidrocor) e algum lugar onde estas cartolinas possam ser afixadas (se for uma parede, é necessário então fita colante; se for um mural é necessário alfinete). Cada um dos participantes recebe um pedaço de cartolina e uma caneta. Nela cada qual deve se desenhar a si mesmo, mas de uma maneira tal que depois possa ser recortado (ou simplesmente rasgado) em contornos, formando uma espécie de boneco. Cada um coloca o seu nome em seu boneco. Quando todos já tiverem confeccionado o seu desenho e recortado (rasgado) o seu boneco, o coordenador convida a todos para irem para a frente do mural (ou da parede) onde serão afixados os desenhos. O coordenador deve colocar a seguinte situação: imaginemos que vamos tirar uma fotografia de nosso grupo. Como seriam organizadas as posições das pessoas nesta fotografia? Aleatoriamente o coordenador convida alguém para ser o primeiro a colocar seu boneco afixado na parede. Um após outro, todos devem afixar o seu boneco na parede, mas sempre em consenso com o grupo, isto é, o grupo deve ser perguntado onde colocar o boneco (tipo perto deste, na frente daquele, acima do outro etc.). O dono do boneco também deve dar

Material
- Cartolina
- Tesoura
- Fita adesiva ou alfinetes
- Canetas hidrocor

sua opinião, se nesta posição está bem, onde ele acha que ficaria melhor etc. Em cada vez que se afixar mais um boneco, pode-se também mexer com outros que já estejam afixados. Por exemplo, pode-se afastar dois bonecos para colocar outro no meio. A composição final da montagem do grupo na parede deve ser mais ou menos de consenso. Ou seja, cada um deve sentir-se pelo menos à vontade onde foi colocado. Tendo alcançado este estágio, o coordenador deve iniciar a reflexão sobre as relações internas do grupo. A partir da formação feita na parede, deve-se refletir sobre o porquê de cada um ter sido colocado naquela posição, perto de quem está cada qual, quem foi colocado à margem, quem foi colocado no meio, quem foi posto à frente. Importantíssimo: esta reflexão não deve ter nenhum tom de avaliação, nem de correção. O coordenador deve deixar bem claro que a formação que resultou na parede é em boa parte o reflexo da realidade. A partir deste reflexo, pode-se levar o grupo a pensar sobre a importância de se estar consciente de que somos parte de um grupo e que neste grupo nem todos têm a mesma ligação com todos. Cada qual está mais próximo de alguém e mais longe de outro. As relações internas entre

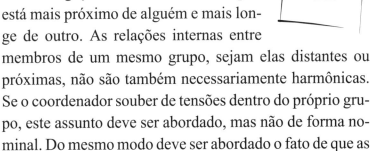

membros de um mesmo grupo, sejam elas distantes ou próximas, não são também necessariamente harmônicas. Se o coordenador souber de tensões dentro do próprio grupo, este assunto deve ser abordado, mas não de forma nominal. Do mesmo modo deve ser abordado o fato de que as relações são de níveis diferentes: há relações de profunda amizade, há relações de confiança (e até confidências), há relações de coleguismo, há relações afetivas e amorosas, há relações explícitas e outras veladas... Relações são também dinâmicas. Elas mudam por diversos motivos: a formação que se tem hoje no grupo pode não ser necessariamente a mesma de amanhã. Muitos são os motivos que levam a mudanças de relações num grupo. O final da reflexão deve ser bem conduzido pelo coordenador para que não reste nenhum ressentimento da dinâmica, mas que todos tenham percebido que esta reflexão contribuiu para o crescimento do autoconhecimento pessoal e grupal. Mesmo com este cuidado, no caso do coordenador perceber que alguém tenha guardado algum ressentimento, este assunto deve ser abordado então em conversa pessoal.

2
Com que animal se parece

ESTA DINÂMICA de autoconhecimento tem como objetivo fazer refletir sobre o fato de que todos transmitimos uma imagem às outras pessoas. Esta imagem é reflexo de nosso modo de ser, de nossas atitudes, de nosso comportamento... Somos, porém, conscientes desta imagem que transmitimos? A dinâmica pode ajudar a descobrir isto. Para iniciá-la são necessários os seguintes materiais: fita crepe (ou adesivos ou etiquetas auto-adesivas) e caneta. Cada um dos participantes é convidado a escrever como vê o outro se tivesse que usar o nome de um animal, mas em letra de forma, para que ninguém reconheça a letra do outro. Cada um pega quantos pedaços de fita quiser e escreve nomes de animais com os quais gostaria de descrever alguém do grupo. Deve-se ir escrevendo e colando nas costas da pessoa em questão o nome do animal com o qual quero descrevê-la. Cada um pode colocar quantos nomes quiser nas costas do outro, mas cada um deve colocar pelo menos um nome em cada um do grupo. Deve-se evitar que a pessoa em questão veja quem colou tal nome em suas costas. O coordenador deve orientar para que cada um coloque os nomes dos animais que achar interessante, sem ficar copiando dos outros. Esta parte da dinâmica deve ser feita da forma mais descontraída possível, mas se o coordenador perceber que há um clima de falta de seriedade ou mesmo de avacalhação, deve intervir e pedir seriedade. Espera-se o tempo necessário para que todos tenham se expressado. Terminado isto, todos são convidados a sentar em círculo. Começando alea-

Material
- Caneta
- Pedaços de papel
- Fita adesiva

toriamente, o coordenador chama uma pessoa para o centro, descola os adesivos que estão em suas costas e os cola no chão (ou num outro lugar apropriado, desde que todos os vejam). A pessoa em questão volta a sentar-se no seu lugar e o grupo é convidado a refletir sobre os nomes dos animais ali colocados. O coordenador deve dirigir a reflexão e partir de constatações, tipo: Há coincidências de nomes de animais ali colocados? Quantos nomes diferentes foram usados? O que significa tal animal? O grupo deve ser levado a participar da reflexão, mas de forma alguma a ficar praticando uma análise pessoal. Não deve ser feita nenhuma referência à pessoa em questão, tipo "eu acho que foi posto este animal, por que você faz isto ou aquilo". Terminada a análise de constatação e impessoal por parte do grupo, a pessoa em questão é convidada a pronunciar-se sobre como se sentiu, como acolheu os nomes colocados, se viu algo com surpresa, se achou interessante algum animal ali colocado... Dependendo da capacidade de abertura da pessoa no grupo ou de sua timidez, o coordenador pode facilitar atuando como

moderador. Terminada a reflexão sobre uma pessoa, os nomes são arrancados de onde estavam colados e jogados fora. Outra pessoa então vai ao centro e se recomeça o mesmo exercício, até que todos tenham passado pelo centro. O coordenador deve estar atento para que o tempo de análise individual não seja muito longo – a menos que perceba que a pessoa esteja totalmente à vontade –, pois, afinal, ninguém gosta de ficar na berlinda. A dinâmica deve ser encerrada com uma reflexão geral da coordenação sobre o aprendizado de se viver em grupos, sobre como é importante ter consciência de que transmitimos uma imagem aos outros, sobre o fato de que nem sempre somos vistos pelos outros como imaginamos ou gostaríamos...

3
Esta pessoa eu posso imaginar como meu...

ESTA DINÂMICA é especialmente indicada para grupos de pessoas jovens, onde é importante estar consciente sobre a imagem que cada qual transmite no relacionamento intra-grupal. Seu objetivo é examinar a imagem de cada pessoa transmitida em seu relacionamento com os outros, tendo por base as diversas relações familiares: pai(mãe)-filho(filha), esposo-esposa, irmão(ã) mais velho-irmão(ã) mais novo. É necessário que a coordenação prepare um pequeno formulário, nos seguintes moldes (o número de formulários deve ser o dobro do número de participantes):

Material
- Canetas
- Formulários

Esta pessoa eu posso imaginar como meu...
1. Pai/mãe: _____
2. Filha/filho _____
3. Esposa/esposo: _____
4. Irmão(ã) mais velho(a): _____
5. Irmão(ã) mais novo(a): _____

Cada um dos participantes recebe um destes formulários e deve colocar o nome de todas as pessoas na posição que ele imagina. Cada um poderá imaginar mais de uma pessoa em cada posição (ou seja, pode ter mais de um pai/mãe, filha/filho...) e não é necessário que todas as posições sejam preenchidas, mas cada qual deve colocar todos os nomes dos participantes do grupo em algum lugar da lista, sem deixar fora ninguém. Terminado este exercício, o coordenador recolhe os formulários e faz o cômputo, da seguinte maneira: toma-se os formulários em branco e se escreve o nome de cada um dos participantes (um em cada formulário). Depois disso, conta-se quantas vezes cada qual foi colocado em alguma das cinco posições. Por exemplo, Maria pode ter sido colocada 5 vezes como mãe, 1 vez como esposa e 4 vezes como irmã mais velha. Tendo terminado esta contagem, os participantes são convidados a sentar-se em círculo e a coordenação abre a partilha com o grupo sobre cada uma das relações familiares. Qual a imagem que cada um tem de pai/mãe, filha/filho etc. Cada qual poderá livremente dizer o que pensa e a coordenação deve fazer uma espécie de síntese do sentimento do grupo para cada uma das relações familiares. Terminada esta reflexão, a coordenação distribui para cada um o formulário com o cômputo relativo à sua pessoa. Dá-se alguns minutos de tempo para que cada um examine o seu formulário. Depois disso, cada um é convidado a partilhar com o grupo o "resultado" (quantas pessoas o imaginaram em cada uma das relações familiares) e dizer como se sente nesta situação: se foi  como esperava, como se sentiu ao ver o resultado, a que atribui que a maioria o tenha colocado em alguma posição, a que atribui o fato de não ter sido nomeado (ou pouco nomeado) para alguma outra posição... A coordenação deverá encerrar a dinâmica fazendo uma reflexão conclusiva, tomando cuidado para destacar a importância do autoconhecimento dentro do grupo e o positivo que ocorreu através da dinâmica.

4
Desenhar na cartolina

O OBJETIVO desta dinâmica é levar os participantes do grupo a refletir sobre o fato de que tanto somos influenciados pelos outros, como também influenciamos os outros. Nosso modo de ser não é resultado de uma caminhada apenas individual, mas também coletiva. Para a realização da dinâmica é necessário que se providenciem cartolinas (ou papel semelhante) para cada um dos participantes e canetas de desenho. Os participantes são postos em círculo e recebem a caneta e uma cartolina. O círculo deve ser feito em um lugar onde as pessoas possam apoiar a cartolina para desenhar: seja um círculo com mesas, com cadeiras de braços ou então, conforme o lugar e o grupo, pode-se sentar no chão mesmo. O coordenador explica a dinâmica, dizendo que nas cartolinas cada qual irá desenhar a si mesmo, mas revezando as partes do corpo. O coordenador irá dizer qual a parte do corpo a ser desenhada em cada momento. Assim todos são convidados a desenhar a sua cabeça (somente a cabeça, mas com olhos, boca, cabelo, orelhas...). Tendo sido desenhada a cabeça, cada um passa a cartolina para seu companheiro à direita. O coordenador dirige a continuidade do desenho: cada um agora desenhe o seu tronco (sem membros) na cabeça que recebeu. Terminado o tronco, passa-se o desenho adiante (sempre à direita) e assim sucessivamente o coordenador irá orientando qual parte deve ser desenhada, sempre tendo o pressuposto que você está desenhando você mesmo. Conforme o número de participantes e o tempo disponível, o coordenador irá progra-

mar em quantas partes irá terminar o desenho. Quando o desenho estiver pronto, cada um deverá colocar o seu próprio nome no desenho em que fez a última parte. Cada um é convidado a examinar-se no desenho: este sou eu! O coordenador inicia, a partir do desenho, a reflexão sobre como somos. Como no desenho, somos uma "obra coletiva": somos influenciados pelos outros, mas também influenciamos as outras pessoas. Quais influências nos moldaram: nossa família, nosso ambiente, nossos amigos... De quem recebemos mais influência? Da mesma maneira também influenciamos os outros: como é a consciência a este respeito, sobre quem temos influências... Conseguimos imaginar como são estas influências?

5
Os outros me conhecem?

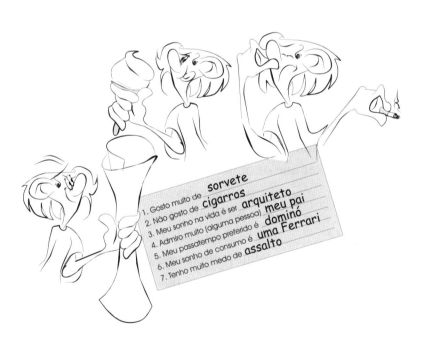

O OBJETIVO desta dinâmica é testar um pouco o conhecimento mútuo no grupo. Sabemos prestar atenção no modo de ser dos outros? Para executar a dinâmica devem ser preparados bilhetes no seguinte modelo:

---

1. Gosto muito de _____

2. Não gosto de _____

3. Meu sonho na vida é ser_____

4. Admiro muito (alguma pessoa): _____

5. Meu passatempo preferido é _____

6. Meu sonho de consumo é _____

7. Tenho muito medo de _____

Estes bilhetes são distribuídos aos participantes (a coordenação tem a liberdade de colocar também outras perguntas ou modificar estas). Cada um preenche o seu bilhete, sem deixar que os outros vejam. Tendo sido preenchido, o bilhete deve ser dobrado e recolhido. Os bilhetes devem então ser misturados. Depois disto, o coordenador (ou algum participante do grupo) tira aleatoriamente um dos bilhetes e lê três ou quatro respostas que estão escritas. O grupo deve então adivinhar quem o escreveu (a pessoa que escreveu o bilhete deve também dar palpites, para a autoria não ficar evidente). Tendo o grupo se colocado de acordo sobre quem es-

Material
✓ Canetas
✓ Formulários

creveu, deve-se perguntar à pessoa se o grupo acertou. A pessoa em questão deve revelar se as respostas são de sua autoria. Tendo o grupo acertado ou não, o bilhete deve ser dobrado e colocado junto com os outros novamente. Tira-se então outro bilhete e a dinâmica continua até que todas as pessoas já tenham sido citadas pelo menos umas duas vezes.

6
Fazendo o seu brasão

O BRASÃO é uma insígnia (distintivo) que representa uma família, uma instituição, um estado, um país etc. Num brasão são colocados símbolos que, por um lado, identificam a história daquela família ou instituição e, por outro lado, que representam seus valores, sua bravura ou ideais. Esta dinâmica tem como objetivo fazer com que cada participante do grupo consiga, através de um brasão, expressar-se a si mesmo: seja sua identidade, seja seus valores ou ideais. Ao mesmo tempo, o grupo terá a oportunidade de avaliar se a pessoa de fato consegue expressar aquilo que colocou em seu brasão. Para isso, cada qual recebe uma folha de papel e deve nela desenhar o seu brasão pessoal, usando para isso três símbolos (o coordenador pode aumentar ou diminuir o número de símbolos a serem usados, conforme a ocasião). O coordenador deve instruir o grupo a respeito do que é um brasão (se for possível, pode-se levar inclusive algum brasão como exemplo). Dá-se o tempo necessário até que cada qual tenha desenhado seu brasão. Quando todos já o tiverem concluído, são distribuídos três pedaços de papel em branco a cada um dos participantes. Aleatoriamente um dos participantes é convidado a mostrar seu brasão ao grupo e explicar um dos símbolos que colocou no seu brasão. Ele deve dizer o que o levou a colocar este símbolo, o seu significado, por que pensa que este símbolo o identifica (seja sua história, sejam seus ideais). Terminada a explicação, cada um dos membros do grupo deve escrever num pedaço de papel uma nota para o símbolo que a pessoa colocou. As notas variam de 1 a 10 e devem ser dadas conforme cada um avalia se o tal símbolo identifica mesmo a pessoa, expressa como ela é ou seus valores e ideais. Quanto melhor este símbolo identificar a pessoa, maior deve ser a nota. Os bilhetes com as notas são dobrados e recolhidos. O coordenador anuncia para todos as notas dadas. Terminado o anúncio das notas, uma seguinte pessoa é convidada a explicar algum elemento de seu brasão. Da mesma maneira são dadas e lidas as notas e assim sucessivamente até que todos tenham explicado os elementos de seu brasão para o grupo e tenham recebido as notas de avaliação. Terminada esta parte da dinâmica, o coordenador convida o grupo a uma reflexão sobre o que imaginamos ser, o que imaginamos ser a identidade que transmitimos, o que conseguimos transmitir aos outros daquilo que achamos que são valores ou ideais por nós defendidos... Cada qual pode se expressar, colocando sua experiência de fazer um brasão e sobretudo comentar como recebeu a avaliação feita pelo grupo aos seus símbolos.

7
História e seus personagens

Esta dinâmica tem como objetivo levar os membros do grupo a imaginar diversas situações para si mesmos e depois refletir em conjunto sobre o que sentiram ao se imaginarem em tal situação. Para início, o coordenador escolhe uma história a ser lida para todos, história esta que deve ter personagens distintos e inclusive controversos. Não precisa ser uma história inventada. Pode ser uma reportagem de jornal ou revista, podendo ser uma reportagem negativa, tipo algum assalto a banco, ou positiva, como alguma ação humanitária desenvolvida por alguma pessoa ou grupo. É importante, porém, que se escolham histórias onde ocorram personagens com papéis distintos. Terminada a leitura, coloca-se no chão, num grande círculo, folhas de papel, contendo cada uma delas um personagem que ocorreu na história lida. Os participantes são convidados a circular na sala, parando sempre em algum dos personagens e se imaginando naquela situação. Como seria se eu fosse o personagem em questão? Consigo me imaginar em tal situação? Se o coordenador achar oportuno, pode ser lida a história novamente enquanto as pessoas circulam fazendo a experiência de ser um dos personagens. Depois de ter passado pelos diversos personagens, cada um deve escolher o personagem com o qual mais se identificou e ficar ao lado do papel. Quando todos já tiverem se decidido por um personagem, o coordenador convida os participan-

Material
☑ Livre

Disposição
Livre

tes a partilharem suas experiências, a dizer o porquê se identificaram com o tal personagem e também dizer qual a sensação (positiva ou negativa) que tiveram quando se imaginaram na situação dos outros personagens.

IV

DINÂMICAS DE AMIGO OCULTO

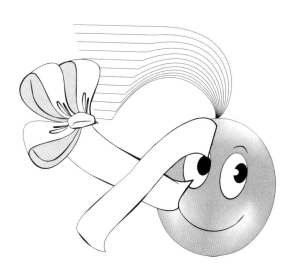

O COSTUME de se fazer a brincadeira de "amigo oculto" está espalhado por todo o Brasil. Em alguns lugares esta brincadeira também é conhecida como "amigo secreto". Realiza-se a brincadeira na escola, em grupos de comunidade/igreja, em repartições ou departamentos de empresas, em grupos de terceira idade, entre colegas de algum curso... As ocasiões são também variadas: pelo natal, pela páscoa, pelo final de ano, pelo dia das mães, dos pais. Enfim, sempre se pode arranjar um motivo e um grupo para a brincadeira. As dinâmicas aqui propostas querem sugerir maneiras diferentes de se revelar o amigo oculto. Assim, a brincadeira poderá variar, mantendo o seu espírito, mas inovando na forma. Iniciamos nossa lista de sugestões com a maneira tradicional. Depois introduzimos as variações. O grupo deverá, porém, ter a liberdade para inclusive combinar as formas entre si, da maneira que mais achar interessante.

1
Forma tradicional

OS PARTICIPANTES da brincadeira se reúnem em uma ocasião propícia, de preferência duas a três semanas antes da data combinada para a revelação. Fazem-se bilhetes com os nomes de todos os participantes da brincadeira. Estes bilhetes são dobrados o máximo de vezes possível e colocados numa sacola (pode ser uma sacola de supermercado). Um a um, cada participante tira um nome da sacola e confere. No caso de alguém ter tirado o seu próprio nome, todos os bilhetes devem ser dobrados e colocados de volta na sacola. O procedimento é recomeçado até que ninguém tenha mais tirado o seu próprio nome. Para evitar constrangimentos, é aconselhável que o grupo combine mais ou menos o valor do presente a ser comprado. Para que o amigo não fique sem saber o que comprar de presente, pode-se elaborar uma caixinha, na qual cada qual pode declarar (por escrito) o que gostaria de ganhar. Pode-se fazer inclusive uma lista com diversas alternativas. Mas deve ficar claro que não é obrigatório seguir a lista de desejos. No dia, hora e local marcados, o grupo se reúne para a revelação do amigo oculto, cada qual trazendo o seu presente. Por sorteio ou indicação, alguém inicia dizendo as características de seu amigo oculto (sua amiga oculta) e o grupo tenta adivinhar de quem se trata. A descrição deve ser fiel à pessoa, mas fica mais interessante quando se incluem fatos que nem todos conheçam ou situações engraçadas que tenham ocorrido. Quando o nome for adivinhado, a pessoa deve confirmar e entrega-se o presente. Quem recebeu o presente deve

abri-lo e mostrar ao grupo. Depois disso é sua vez de dizer as características de seu amigo (sua amiga). Quando ocorrer que o amigo oculto de alguém já tenha revelado seu amigo, a revelação continua simplesmente com o vizinho mais próximo. A brincadeira também se torna bastante interessante se o presente for embrulhado de uma maneira jocosa, fazendo com que a pessoa em questão passe algum trabalho até chegar ao presente.

Variação

Conforme o grau de intimidade do grupo, pode-se acrescentar uma variação para tornar a brincadeira mais picante. Nesta variação, cada qual terá que dar dois presentes ao seu amigo oculto (amiga oculta): o primeiro presente é um "presente-mico", isto é, um presente que faça rir, que surpreenda, que coloque a pessoa em algum constrangimento engraçado ou coisa que valha. Depois do "presente-mico", dá-se então o presente de amigo.

2
Adivinhando características

O PRINCÍPIO desta dinâmica de amigo oculto é praticamente o inverso da dinâmica tradicional. Ao invés de se escreverem os nomes dos participantes em bilhetes, cada participante coloca características que – segundo sua opinião – o identificam. Deve-se combinar para que cada qual escreva pelo menos 10 características suas (não precisa ser necessariamente apenas uma palavra para cada característica, mas também uma expressão ou mais de uma palavra). Estas características devem ser digitadas em uma folha tamanho padrão para todos (tipo tamanho A4). Esta descrição deve ser preparada previamente, de modo que no dia da distribuição todos já a tenham consigo. Cada um deve dobrar 4 vezes esta folha e colocar numa sacola comum. As folhas são misturadas e cada um retira uma. Se alguém retirou sua própria descrição, mistura-se tudo novamente e se recomeça a distribuição. Deve-se combinar o valor do presente a ser dado. É possível fazer uma caixa onde os participantes colocam as listas de presentes que desejariam ganhar. No dia, hora e lugar marcados para a revelação, todos devem comparecer com seus presentes e trazendo a folha da descrição que retirou. Por indicação ou sorteio, alguém começa a revelação, lendo as descrições que pegou. O grupo deve tentar adivinhar de quem se trata. Quando o grupo já tiver dado seus palpites, a pessoa que tirou a folha também deve revelar quem acha que é seu amigo (sua amiga). A pessoa apontada como amigo (amiga) deve confirmar se se trata mesmo dela. Caso contrário, a tentativa de acerto

Material
✓ Folha de papel
✓ Presentes

deve continuar por parte de quem tirou a folha, até que se chegue ao seu autor. O presente deve então ser entregue e aberto. Depois disso, esta pessoa lê a descrição de seu amigo (sua amiga) e a brincadeira continua até que todos tenham se revelado. Para esta dinâmica se tornar mais interessante, cada qual deve fazer sua descrição com algum ar de mistério, exigindo de quem o tirou muita perspicácia. A descrição deve ser, porém, verdadeira.

Variação

Pode-se combinar algum castigo para o caso de a pessoa não adivinhar certo quem é seu amigo (sua amiga). Este castigo pode ser inclusive escrito na própria folha de descrição que a pessoa preparou. Para isto, porém, é necessário que seja explicada a todo o grupo a dinâmica antes de cada qual preparar a folha com a descrição. O castigo deve ser executado antes da próxima tentativa de adivinhar.

3
Formando uma frase

ESTA DINÂMICA exige uma preparação prévia. Quem prepara a dinâmica deve escrever provérbios ou frases conhecidas em bilhetes. Devem ser escritos tantos provérbios quantas pessoas forem participar da brincadeira. Depois de terem sido escritos os provérbios, os bilhetes devem ser cortados ao meio, de modo que uma parte do provérbio fica num bilhete e a outra em outro. Os bilhetes são dobrados e colocados juntos numa sacola. Cada participante retira dois bilhetes. Com isso estará com dois pedaços de provérbio. Se por acaso alguém retirar dois bilhetes que correspondam a um único provérbio (isto é, um bilhete com a primeira parte e outro com a segunda), esta pessoa deve colocar os dois bilhetes de volta na sacola e retirar outros. Tendo todos retirado duas partes de provérbios, combina-se a data da revelação e, ao mesmo tempo, os valores dos presentes a serem comprados. Deve-se lembrar aos participantes que os pedaços de provérbios não devem ser jogados fora. No dia combinado da revelação, todos os participantes devem comparecer munidos com os seus bilhetes (e com o presente!). Algum dos participantes inicia o processo de revelação. Este se faz da seguinte maneira (quem preparou a brincadeira deve explicar as regras ao grupo): esta pessoa deve tentar descrever o seu provérbio, dando dicas, apontando a mensagem ou coisa parecida. Não deverão ser ditas, porém, palavras-chave que estejam no provérbio. Os participantes poderão também fazer perguntas, tipo se o provérbio está ligado com isto ou com aquilo. Cada qual,

Material
☑ Bilhetes com provérbios
☑ Presente

ao fazer perguntas, deve estar interessado em saber se se trata de "seu" provérbio. Quando alguém imagina ter dados suficientes para concluir que se trata de seu provérbio, deve chegar perto de quem está fazendo a revelação e dizer-lhe no ouvido o provérbio todo. Caso esteja correto, os dois devem anunciar o provérbio em voz alta. Quem deu as dicas de seu provérbio passa então seu presente ao seu "provérbio-par". Após ter sido aberto o presente, este continua a revelação, dizendo dicas sobre o bilhete que sobrou. A brincadeira continua até que todos tenham já revelado o seu provérbio.

4
Completando a frase

PARA ESTA DINÂMICA não é necessário que os participantes se reúnam anteriormente para sorteio de nomes ou coisa parecida. Basta que se combine a data da revelação e o valor do presente a ser levado por cada um. No dia marcado, estando os participantes todos acomodados, de preferência sentados em um círculo de modo que todos possam se ver mutuamente, inicia-se o processo de "revelação" e entrega de presentes. Este processo se faz da seguinte maneira (quem preparou a brincadeira deve explicar a todos): a pessoa indicada para iniciar a revelação fala uma frase que possa ser complementada. Seu amigo (sua amiga) será a pessoa que o mais rápido possível conseguir falar uma frase complementar. Terá que ser, porém, uma frase com sentido. O grupo poderá rejeitar frases complementares que não façam sentido. Exemplo de frases: se a primeira pessoa disser "Eu sou uma mesa sem vaso", a frase complementar poderá ser "e eu sou o vaso de sua mesa"; ou então à frase "eu sou uma impressora" poderá vir o complemento "e eu sou o papel de sua impressora" ou, então, "e eu sou a tinta de sua impressora". Esta dinâmica será tanto mais engraçada quanto cômicas ou picantes forem formuladas as frases, tipo "eu sou uma boca desdentada", que poderá ter como complemento "e eu sou a dentadura desta boca". Quem completou a frase com rapidez e sentido receberá o presente de quem disse a primeira parte. Após a troca do presen-

te, quem disse a segunda parte da frase, diz uma primeira parte de frase que deverá se completada por outra pessoa. Quem já recebeu o presente não poderá mais completar frase dos outros. A brincadeira termina quando todos tiverem já dito suas frases tanto iniciais como complementares.

5
Quem mandou a mensagem?

ESTA DINÂMICA de amigo oculto tem inicialmente o mesmo decorrer da forma tradicional. Ou seja, os participantes se reúnem em uma data prévia – de preferência duas a três semanas antes da data da revelação – e são sorteados os amigos ocultos. Para isto são colocados em uma sacola bilhetes contendo os nomes de todos os participantes. Um a um, cada qual retira um bilhete e lê o nome de seu amigo oculto (sua amiga oculta), sem deixar que outra pessoa veja seu bilhete. Se por acaso alguém tirar o seu próprio nome, os bilhetes deverão ser novamente misturados. O grupo deve também combinar o valor do presente a ser dado. Os participantes poderão colocar em um mural os seus desejos de presente, mas não há obrigatoriedade de se dar o presente desejado. Após o sorteio dos nomes, combina-se uma "caixa de correio" (pode ser uma caixa de papelão) para os participantes. Cada um deverá mandar mensagens ou cartinhas (não há limite para o número de correspondência) ao seu amigo (à sua amiga) oculto(a). Esta correspondência deverá ter um tom pessoal (tipo como vejo você, o que admiro em você, o que me marcou em você...). As cartas/mensagens devem ser escritas com letra diferente (ou impressas) para que quem as receba não reconheça seu remetente. A correspondência deve ser posta na caixa de correio endereçada à pessoa em questão (num envelope nominal, ou, então, com o nome escrito por fora do bilhete dobrado) numa forma mais discreta possível. Cada participante deve passar no correio uma vez ou outra para ver se há correspondên-

Material
☑ Mensagens
☑ Caixa
☑ Presente

cia para ele. No dia marcado para a revelação, os participantes devem se reunir trazendo os bilhetes/cartas/mensagens que receberam (além do presente!). Ao invés de cada um descrever seu amigo (sua amiga) oculto(a), a revelação deve ser feita em moldes inversos. Quem inicia deve ler para os outros as mensagens que recebeu e dizer seu palpite sobre a autoria destas mensagens. Em caso de erro, deverá ser tentado adiante, até chegar ao nome certo. Tendo acertado a autoria, recebe dela o presente. É a vez então de quem deu o presente ler para todos as mensagens que recebeu e tentar adivinhar o seu remetente.
A brincadeira termina quando todos os amigos já tiverem se revelado. Esta dinâmica pode se tornar mais interessante se participantes enviarem mensagens não apenas aos seus amigos, mas também a outras pessoas, confundindo assim quem recebe as mensagens.

6
Invertendo os papéis

ESTA DINÂMICA de amigo oculto segue primeiramente o procedimento tradicional: em dia e hora marcados, os participantes da brincadeira reúnem-se para sortear os nomes. Todos os nomes dos participantes devem ser escritos em bilhetes e colocados em uma sacola. Cada participante tira um nome da sacola e confere qual o nome de seu (sua) amigo(amiga) oculto(a). Se alguém retirar um bilhete com o próprio nome, todos devem colocar os bilhetes de volta e inicia-se o sorteio novamente. Na ocasião do sorteio, também deve ser combinado o valor médio do presente a ser dado. Nesta modalidade de brincadeira com os papéis invertidos, cada participante não deverá, porém, dar um presente àquela pessoa que tirou, mas sim pedir um presente a esta pessoa. Este pedido de presente deve ser feito em forma de mensagens. Para isto coloca-se uma caixa de correio para os participantes da brincadeira. Cada um deve escrever mensagens àquela pessoa que tirou como amigo oculto, pedindo algum presente ou expressando algum desejo de presente ou descrevendo o tipo de presente que deseja ou coisa parecida. Estas mensagens devem ser escritas de tal modo que o destinatário não reconheça o remetente. As mensagens são deixadas na caixa de correio ou enviadas diretamente ao destinatário. É interessante que o sorteio dos nomes seja feito de duas a três semanas antes da data da revelação, para que todos tenham tempo de enviar diversas mensagens pedindo presente. No dia e hora marcados para a revelação, todos se reúnem trazendo os presentes e as men-

Material
✓ Mensagens
✓ Caixa
✓ Presente

sagens que receberam. A revelação é feita da seguinte maneira: Quem inicia o processo deve dizer as mensagens que recebeu (pode-se ler as mensagens, se for o caso) e através delas tentar adivinhar o seu autor. Quando a pessoa disser o nome certo, a pessoa em questão deve confirmar e receber o presente. Após abrir o presente e mostrar aos outros, é a vez desta pessoa dizer as mensagens que recebeu e adivinhar seu amigo(amiga) oculto(a). Este procedimento é repetido até que todos tenham conseguido adivinhar seu(sua) amigo(a) oculto(a). A brincadeira torna-se mais engraçada à medida que as mensagens enviadas sejam criativas, levando o destinatário também a falsas suposições. Mas de alguma maneira as mensagens devem levar o destinatário a descobrir o remetente.

V

DINÂMICAS PARA DESPERTAR

AS DINÂMICAS apresentadas a seguir, sob o título de "Dinâmicas de Aquecimento", destinam-se a momentos diversos. Elas podem ser usadas no início de algum encontro para quebrar o gelo entre os participantes e torná-los mais próximos. Podem também ser usadas em alguma pausa para preencher o tempo de uma maneira descontraída e mantendo os participantes juntos. Ou, então, podem ser feitas também ao final do conjunto de atividades de um dia, para provocar descontração nos participantes tendo em vista o fato de que um dia de trabalho (aula, reflexão) pode acumular tensões. Estas mesmas dinâmicas podem também ser usadas em festinhas para animar/distrair as crianças. Outra ocasião propícia é um momento em que o grupo encontra-se um tanto disperso e sonolento. Após alguma dinâmica aqui sugerida, com certeza a sonolência terá passado. Enfim, ao ler as dinâmicas, cada qual irá imaginar muitas ocasiões em que podem ser usadas. O objetivo destas dinâmicas é simplesmente distrair e descontrair o grupo. Não há aqui qualquer sentido de competição, aprendizado ou objetivo a ser alcançado. Claro que poderão ser aplicadas com algum destes objetivos, mas não é a intenção primeira. Utilizá-las simplesmente para divertir e passar o tempo de uma maneira agradável: este é o objetivo.

1
Passando uma boneca de <u>mão em mão</u>

PARA EXECUTAR esta dinâmica, é necessário que o animador arranje uma boneca, de preferência de pano. Os participantes são colocados em círculo, de pé, um ao lado do outro. A boneca é entregue livremente a alguém do círculo. Esta pessoa deverá fazer um gesto qualquer com a boneca, como, por exemplo, dar-lhe um abraço, puxar o cabelo, dar um beijo... Enfim, cada um deve com liberdade e criatividade fazer algo com a boneca e, depois disso, passá-la para o vizinho (por exemplo, à direita). Este também fará algum gesto com a boneca e depois vai passá-la adiante. Quando todos os participantes do círculo já tiverem tido a boneca em mãos e feito algum gesto com ela, o animador retira a boneca do círculo. Iniciando com o primeiro que teve a boneca em mãos, cada participante deverá repetir o gesto que fez com a boneca, mas agora com seu vizinho da direita (ou da esquerda). Por exemplo, quem deu um beijo na boneca, deverá dar um beijo no vizinho e de preferência do mesmo modo como beijou a boneca. Seguindo o mesmo caminho da boneca, todos terão que fazer o gesto com o vizinho. A brincadeira pode tornar-se muito engraçada, dependendo do nível de descontração do grupo. Algumas situações podem ficar inclusive constrangedoras, mas o grupo deverá saber contornar a situação com humor.

Material
☑ Boneca

Disposição

2
O coral dos animais

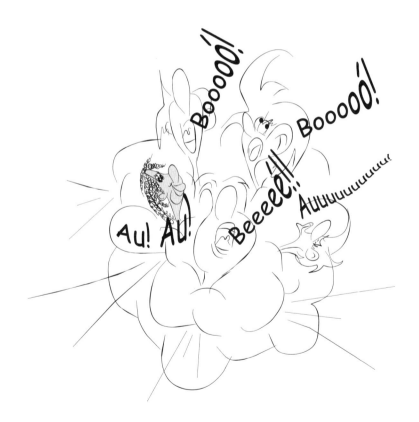

ESTA DINÂMICA é mais indicada para ser utilizada com grupo de crianças, seja num momento de intervalo de atividades, ou num momento em que elas estejam dispersas e é necessário mantê-las juntas, seja durante uma viagem ou também como animação infantil numa festinha de crianças. O animador prepara uma lista com nomes de animais, cujos sons sejam fáceis de ser imitados: gato, cachorro, galo... Reunidos os participantes, o animador apresenta a "lista" de animais à disposição e convida as pessoas a escolherem o animal que quiserem ser para participar da brincadeira.

Mais de uma pessoa pode escolher o mesmo animal e é interessante inclusive que isto ocorra. Quando todos já tiverem escolhido o seu animal, o animador faz o pequeno ensaio para o som dos animais. Cada grupo terá de fazer, com voz forte, o som do respectivo animal. A brincadeira então começa. O animador explica que irá contar uma história e cada vez que ocorrer algum animal que esteja presente no grupo, as pessoas que representam este deverão se manifestar imitando o som do animal em questão. Nesta história – que pode ser livremente inventada pelo animador – pode vir a ocorrer diversas vezes o mesmo animal e é interessante que ocorra. O animador deve tomar cuidado para não deixar de lado em sua história nenhum dos animais representados no grupo. O sucesso desta dinâmica vai depender em grande parte da criatividade do anima-

dor em contar esta história, em repetir rapidamente diversos animais, em colocar um grupo de animais disputando com outro, em colocar passagens engraçadas na história etc. A dinâmica termina quando todos tiverem se divertido o suficiente.

3
Formulando conceitos

ESTA DINÂMICA pode ser usada simplesmente como exercício de distração em algum intervalo ou pela manhã, antes de começar as atividades para "acordar" a todos, mas pode ter também o objetivo de perceber até que ponto os participantes estão dentro do espírito da temática que está sendo abordada (isto é, a temática do encontro, do curso, do treinamento, da aula...). Antes de se iniciar a dinâmica, o coordenador ou animador deve preparar uma série de frases incompletas, ou seja, frases que podem ser completadas com apenas uma palavra ou expressão. Se se quer perceber até que ponto os participantes estão ligados nos temas que estão sendo abordados, é interessante que estas frases tenham alguma conexão com a temática. Se a dinâmica for feita apenas com o intuito de exercício de distração, pode-se preparar frases aleatoriamente ou inclusive frases que deem margem a respostas engraçadas. Exemplos de frases incompletas que podem ser preparadas: "Ser companheiro é..."; "Tomar iniciativa para mim é..."; "O mais importante em uma família é..."; "Uma comunidade só progride quando..."; "Estar comprometido com a empresa é..." Ou, então, podem ser preparadas frases que deem margem a complementos engraçados, como, por exemplo: "Sair na rua de pijamas demonstra..."; "Andar com o calçado trocado é..."; "Esquecer o dia do aniversário da sogra é...". Tendo sido preparadas as frases, o animador reúne os participantes em círculo. Pega-se uma bola (pequena) ou, então, faz-se uma bola de papel. O animador inicia dizendo uma fra-

Material
- Bilhetes com frases incompletas
- Bola

se incompleta e, imediatamente depois de dizer a frase, joga a bola para algum dos participantes da roda. Esta pessoa que pegou a bola deve repetir a frase, completando-a, porém, com um conceito à sua escolha. Tendo sido repetida a frase – agora completa – o animador diz outra frase incompleta. Quando termina de dizer, quem está com a bola na mão, deverá jogá-la a uma outra pessoa, que deverá repetir a frase, completando-a. A bola deverá ser sempre jogada adiante logo após o animador ter dito uma frase incompleta. Quem joga a bola não deverá, porém, repetir nenhuma pessoa que já tenha recebido a bola. Se por acaso isto ocorrer, o grupo deverá combinar um refrão a ser dito para esta pessoa, tipo "Quem dorme na praça, o jacaré abraça" ou outro qualquer. Também se pode combinar algum refrão para o caso de a pessoa não conseguir pegar a bola quando foi jogada em sua direção.

As frases incompletas a serem ditas pelo animador podem ser repetidas, pois cada qual deverá ter a liberdade/criatividade de completar a frase de forma diferente. A brincadeira termina quando todos já tiverem completado uma frase. Pode-se também fazer diversas rodadas, conforme a disposição do grupo.

4
Centopeia perneta

TRATA-SE AQUI de uma dinâmica que tem por objetivo apenas propor uma distração para despertar o grupo. Esta dinâmica exige, porém, um certo esforço físico e um pouco de cuidado em sua execução. É interessante que o número de participantes seja relativamente grande (por exemplo, mais de 15 pessoas). Os participantes colocam-se lado a lado e cada um apoia-se com os braços sobre os ombros e pescoço de seu vizinho ou vizinha (um à direita e outro à esquerda). Todos deverão se apoiar em seus vizinhos, formando uma corrente humana. Depois disso, cada participante deve dobrar uma perna, de modo a apoiar-se no chão somente com a outra. Estando todos apoiados em seus vizinhos e somente com um dos pés no chão, temos aí formada a centopeia perneta. O desafio começa agora: fazer a centopeia perneta andar. Um após outro os participantes vão mover o seu pé dando um passo em alguma direção previamente combinada, sem colocar o outro pé no chão. Este movimento deve imitar o caminhar de uma centopeia, onde os pés se movem harmonicamente. No momento do passo, a pessoa deverá se apoiar plenamente em seus vizinhos. O desafio é conseguir justamente uma coordenação harmônica de todo o grupo, para que a centopeia ande sem percalços. O animador poderá dar ordens tipo "para trás agora", "para o lado"... Encerra-se a dinâmica quando todos tiverem se divertido.

Variação

Havendo um número suficiente de pessoas para que sejam formadas duas centopeias, pode-se fazer desta dinâmica uma corrida de centopeias pernetas, combinando a distância que deverá ser percorrida.

VI

DINÂMICAS DE AVALIAÇÃO E ENCERRAMENTO

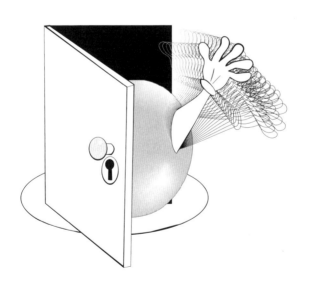

É PRAXE que ao final de um curso, um encontro, um treinamento, se faça um momento dedicado à avaliação do mesmo. Bastante comum é que esta avaliação conste de três partes: pontos positivos, pontos negativos e sugestões. Estas são basicamente as necessidades de retorno de quem elaborou ou dirigiu as atividades. Acontece, porém, que uma rodada de avaliação com o esquema dos três pontos acima referidos corre geralmente dois riscos: o primeiro é de ser monótono pelo fato de sempre haver quem não diga quase nada e quem alonga-se demasiadamente em palavras; o segundo risco é que os participantes comecem a repetir aquilo que os colegas já disseram, deixando-se assim influenciar por outras avaliações e – consequentemente – não expressando a avaliação pessoal. As dinâmicas aqui propostas têm fundamentalmente como objetivo fazer a mesma avaliação com os três pontos já ditos acima. A ideia, porém, é apresentar mecanismos que possam tornar esta avaliação mais dinâmica, que provoque a participação de mais pessoas, que estimule a criatividade etc. Além das dinâmicas de avaliação, fazemos juntamente algumas propostas de dinâmicas que podem ser chamadas de "dinâmicas de despedida", ou seja, dinâmicas que proporcionem a possibilidade de, ao despedir-se do encontro, curso, treinamento, se criar mecanismos que estimulem a interação ou o comprometimento dos participantes. As diversas dinâmicas de avaliação ou despedida aqui propostas têm mecanismos diferentes também conforme o objetivo que se pretende. Por exemplo, se se pretende fazer uma avaliação mais subjetiva e reflexiva, se se pretende fazer uma avaliação mais sintética, se se pretende um comprometimento maior dos participantes...

1
Objetos que falam

O OBJETIVO desta dinâmica é provocar uma fala de avaliação de cada um dos participantes, incentivando a criatividade e a diversidade. A pessoa responsável pela avaliação deve providenciar uma série de pequenos objetos.

Esta escolha deve ser aleatória e utilizar-se simplesmente de objetos que estejam à mão: folhas de papel, canetas, lenços, papéis amassados (lixo), folhas, chaves, cédulas, moedas, enfim pequenos objetos que estejam à mão. Deve-se ter uma boa diversidade de objetos e até mais de um exemplar de cada. É importante que o número de objetos seja bem superior ao número dos participantes (o dobro, por exemplo). Estes objetos são colocados desarrumadamente no centro do espaço e o grupo deve sentar-se ao redor. Primeiro se explica que cada participante deverá fazer a sua avaliação do encontro, curso, treinamento... a partir de algum dos objetos ali presentes. Os participantes devem primeiro apenas olhar os objetos. Após uma pequena pausa, os participantes são convidados a irem ao centro e pegar um objeto para fazer a avaliação do encontro a partir dele. Dá-se o tempo necessário para que todos os participantes peguem um objeto e voltem ao seu lugar. Tendo

todos já um objeto em mãos, cada qual é convidado a dizer por que escolheu determinado objeto para ponto de partida da avaliação.

2
Bilhete com endereço e um desejo

ESTA É uma dinâmica de despedida e tem como objetivo promover a continuidade de intercâmbio entre os participantes. Ao final do encontro, antes do momento de despedida, a coordenação distribui uma folha de papel a cada um dos participantes. Nesta, cada qual deve descrever um desejo seu em relação ao encontro (curso, treinamento...) que está chegando ao fim. Este desejo pode ser em forma de objetivo a ser alcançado a partir do encontro, pode ser um propósito, pode ser a vontade de colocar em prática algo apresentado ou aprendido no encontro... Cada qual deve escrever também o tempo máximo em que pretende realizar o desejo ali descrito. É prudente que a coordenação limite este tempo máximo. Sugestão: que este tempo não seja superior a seis meses. Depois de todos terem escrito seu desejo e o tempo em que pretendem realizá-lo, cada qual escreve na folha também seu nome e endereço completo. Tendo terminado isto, as folhas são dobradas e colocadas em uma sacola. Um a um, cada qual retira uma das folhas de papel e lê para si o desejo escrito pela pessoa. O coordenador explica que estas folhas devem ser guardadas após o encontro e cada participante deve enviar uma carta àquele que escreveu a folha de papel, dentro do tempo previsto para a realização do desejo, perguntando sobre seu desejo, se conseguiu realizar, como conseguiu realizar, se encontrou dificuldades etc. Desta maneira, o desejo ex-

presso ao final do encontro não cairá no esquecimento e, ao mesmo tempo, se estará promovendo uma interação entre os participantes para além do tempo do encontro.

Variação

A coordenação pode liberar para que os participantes escrevam mais de um desejo ou, então, que se escrevam desejos ligados a questões pessoais. Isto dependerá um pouco da temática tratada no encontro.

3
Carta de bons propósitos

É COMUM que ao final de um encontro, curso ou treinamento cada um dos participantes tenha algum propósito em relação ao que aprendeu. Este propósito pode ser no sentido de colocar em prática coisas que aprendeu, pode

ser no sentido de mudar atitudes que chegou à conclusão no encontro que não estão corretas, pode ser no sentido de construir algo... Enfim, os propósitos ou desejos podem ser muitos. A dinâmica aqui proposta tem como base este propósito. Para isto, procede-se da seguinte maneira: em uma das últimas sessões do encontro, os participantes recebem uma folha de papel e um envelope. O coordenador explica que cada qual deverá escrever uma "Carta a mim mesmo de bons propósitos" e se deve colocar um prazo, ou seja, o que eu desejo alcançar em x tempo (um ou dois ou três meses, por exemplo). Nesta carta, cada qual deve expressar para si mesmo o que se propõe a conseguir, como imagina conseguir isto, exortar-se a si mesmo dos perigos a serem evitados... O coordenador deve explicar que, como cada qual se conhece bem a si mesmo, tem as melhores condições também de aconselhar-se. A carta deve ser nominal a si mesmo e de fato pessoal. Terminada a carta, esta deve ser posta no envelope e este deve ser fechado. Cada

um deve escrever o endereço pessoal completo no envelope, como se fosse de fato enviar a carta a si mesmo. Este envelope é recolhido ao final do encontro, podendo ser inclusive em um pequeno gesto de entrega e promessa. A coordenação recolhe estes envelopes e os guarda, sem, porém, falar nada sobre seu destino. Passado o tempo estipulado (um, dois ou três meses), a coordenação deve colocar estas cartas no correio, para que cada qual de fato receba a sua carta. Assim se estará reforçando, após algum tempo, os propósitos que cada qual se fez. No caso de ocorrer algum encontro do grupo após a data do envio das cartas, é interessante recolher a experiência que cada qual fez ao receber e ler sua própria carta.

4
Em três palavras

ESTA DINÂMICA de avaliação de encontro se presta para ocasiões em que não se tem muito tempo para a avaliação, mas se pretende dar oportunidade para que todos consigam expressar seu sentimento em relação ao encontro. Para isto, no final do encontro, num instante oportuno, o coordenador propõe que cada qual faça sua avaliação do encontro dizendo apenas três palavras que caracterizaram – em seu modo de ver – o encontro. Espontaneamente cada um irá dizer sua avaliação em três palavras. Pode ocorrer que algumas palavras sejam repetidas diversas vezes. Estas palavras repetidas – ou palavras com significado próximo – formam claramente a tônica da avaliação do encontro. A partir delas a coordenação pode perceber qual o sentimento que se conseguiu passar no encontro.

5
Se eu fosse...

Esta dinâmica de avaliação de final de encontro tem como princípio possibilitar impulsos de criatividade para a avaliação, no sentido de evitar que os participantes do encontro repitam aquilo que outros já disseram. Para o momento da avaliação final, a coordenação deve ter preparado tiras de papel (tantas quantas forem os participantes) com a seguinte frase:

"SE EU FOSSE _____

como eu avaliaria este encontro (curso/treinamento...)?"

Material
✓ Tiras de papel

Reunidos os participantes para a avaliação final, cada um recebe uma tira de papel com os dizeres acima e deve escolher alguma coisa para completar a frase, para depois fazer a avaliação do encontro a partir daquilo que foi escolhido. A coordenação pode dar algum exemplo para que fique claro a todos os participantes a dinâmica da avaliação. Pode-se usar o seguinte exemplo: Alguém pode escolher "ponte" como palavra que completa a frase e fazer o seguinte raciocínio de avaliação: "Uma ponte possibilita que as pessoas passem por cima do rio, que é um obstáculo. Assim este encontro (curso, treinamento...) veio me ajudar a ultrapassar tal e tal obstáculo que encontrava em meu trabalho..." Quando todos os participantes tiverem entendido a dinâmica da avaliação, dá-se um tempo para que cada qual escolha alguma coisa e a escreva no papel. Tendo todos já escolhido algo e escrito no papel, o coordenador convida para o início da avaliação final, onde cada qual vai ler a frase completa, explicar em poucas palavras por que escolheu tal coisa e fazer a sua avaliação a partir daquilo que escolheu. Para evitar que algumas pessoas se alonguem muito em suas falas e outras não digam quase nada – ou, então, quando o tempo disponível for curto – a coordenação pode colocar algumas diretivas para esta avaliação tipo: cada qual deve dizer apenas um motivo pelo qual escolheu tal objeto e duas frases de avaliação a partir do objeto escolhido.

6
Avaliação sanfona

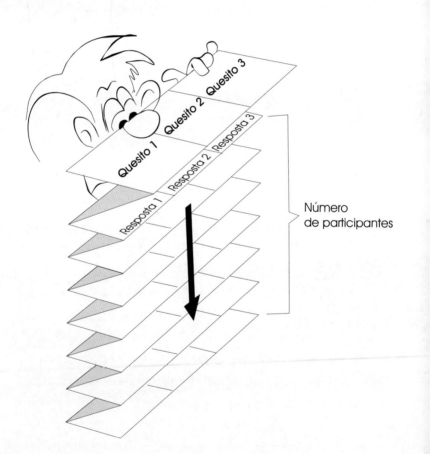

PARA ESTA DINÂMICA de avaliação, a coordenação deve preparar folhas de papel (pode ser tamanho A4) dobradas em forma de sanfona, da seguinte maneira: na parte superior da folha são escritos, lado a lado, de forma simétrica, quesitos para a avaliação como "O que mais gostei"; "Minha participação foi"; "A melhor atividade foi"; "O mais importante foi"; "O que vou levar para casa". A coordenação do encontro tem a liberdade de colocar os quesitos que quiser, em número suficiente para preencher uma linha da folha. Colocando os quesitos de avaliação lado a lado de forma simétrica, deve-se traçar um risco de alto a baixo, formando colunas até o pé da página, de tal maneira que cada coluna é encabeçada por um quesito. Se houver problema de espaço, os quesitos podem ser escritos com apenas uma ou duas palavras e antes da avaliação se explica o que se pretende com o quesito em questão. Estando a folha pronta com os quesitos e as respectivas colunas de largura simétrica, a folha deve ser dobrada em sentido horizontal às colunas, em forma de sanfona, com dobras de cerca de dois centímetros de largura. A parte superior da folha, onde estão escritos os quesitos, deve ser dobrada com uma aba mais larga de forma que, mesmo estando a "sanfona" fechada, se consiga ler os quesitos ao topo da folha. Deve ser feito um número suficiente de sanfonas para todos os participantes. Ao final do encontro, no momento da avaliação, estas sanfonas são distribuídas aos participantes, que devem estar sentados em círculo. A coordenação explica o procedimento: cada

Material
☑ Folha de papel
☑ Caneta

um deve fechar a sanfona e ler os quesitos que estão ao topo da página. Tendo sido explicados os quesitos, cada participante deve abrir apenas a primeira aba (aba superior) da sanfona e escrever nas respectivas colunas sua avaliação. Deve-se usar apenas palavras ou, então, expressões curtas. Cada qual pode escrever diversas palavras ou expressões para cada quesito (sem passar para outra aba) e se pode começar pelo quesito que quiser. Dá-se um pequeno tempo para isto. Terminado o tempo, mesmo que os participantes não tenham conseguido completar todas as colunas, isto é, ter escrito alguma avaliação para cada um dos quesitos, a aba onde está escrito algo deve ser fechada e aberta a seguinte aba (a segunda de cima para baixo). A sanfona é então passada adiante na roda. Sem ver o que está escrito na primeira aba (que está fechada), cada um deve continuar sua avaliação, escrevendo mais alguma coisa sobre o mesmo quesito que já havia avaliado antes ou escrevendo algo em quesitos sobre os quais não tinha tido tempo de escrever sua opinião. Dado mais um pequeno tempo, esta aba é fechada e a seguinte é aberta. A sanfona é passada adiante e o exercício de escrever palavras ou expressões de avaliação continua. Quando a sanfona tiver sido completada, isto é, todas as abas já tiverem sido abertas e recebido algo escrito, a sanfona é então fechada e passada adiante. Encerra-se o exercício de escrever e cada um deve abrir a sanfona toda e ler para os participantes a avaliação de cada um dos quesitos. A coordenação pode dirigir esta parte de tal maneira que se-

jam lidas primeiro todas as avaliações de algum quesito antes de se passar para o seguinte. Ou, então, que sejam lidas todas as avaliações de cada sanfona.

7
Que bom, que pena, que tal

TRATA-SE AQUI de uma dinâmica de avaliação baseada um pouco no impulso emocional. Para isto a coordenação prepara uma folha, onde está escrito na parte superior, em distância simétrica: "Que Bom!"; "Que Pena!" e "Que tal?" Pode-se fazer um traço de maneira a compor colunas simétricas na folha de alto a baixo. Cada participante recebe uma folha e deve escrever na respectiva coluna o que lhe vem à mente ao ler as expressões "que bom", "que pena" e "que tal?", pensando no encontro (curso/treinamento...) que está encerrando. Dá-se um tempo, para que cada qual escreva sua avaliação. Terminado o tempo combinado, cada participante lê para os outros o que lhe veio à mente e colocou por escrito ao ver as expressões e pensar no encontro que está chegando ao final.

COLEÇÃO PRATICANDO O BEM-ESTAR

Caderno de exercícios para superar as crises
Jacques Coulon
Caderno de exercícios para aumentar a autoestima
Rosette Poletti, Barbara Dobbs
Caderno de exercícios para saber desapegar-se
Rosette Poletti, Barbara Dobbs
Caderno de exercícios para aprender a ser feliz
Yves-Alexandre Thalmann

Caderno de exercícios para descobrir seus talentos ocultos
Xavier Cornette de Saint Cyr
Caderno de exercícios de meditação no cotidiano
Marc de Smedt
Caderno de exercícios de inteligência emocional
Ilios Kotsou
Caderno de exercícios para ficar zen em um mundo agitado
Erik Pigani

EDITORA VOZES

EDITORA VOZES LTDA.
Rua Frei Luís, 100 – Centro – Cep 25689-900 – Petrópolis, RJ
Tel.: (24) 2233-9000 – E-mail: vendas@vozes.com.br

 EDITORA VOZES

 NOBILIS VOZES

 Vozes de Bolso

 Vozes Acadêmica

Belo Horizonte – Brasília – Campinas – Cuiabá – Curitiba
Fortaleza – Juiz de Fora – Petrópolis – Recife – São Paulo

Conheça nossas lojas:
www.livrariavozes.com.br

www.vozes.com.br

 +55 24 2233-9033

 youtube.com/editoravozes

 @editora_vozes

 @editoravozes

 facebook.com/editoravozes

Conecte-se conosco: